죽어서 세계 일주

죽어서 세계 일주
옵빠야! 제7탄

초판 1쇄 발행 2025년 10월 20일

지은이 엘튼정
펴낸이 장길수
펴낸곳 지식과감성#
출판등록 제2012-000081호

주소 서울시 금천구 벚꽃로298 대륭포스트타워6차 1212호
전화 070-4651-3730~4
팩스 070-4325-7006
이메일 ksbookup@naver.com
홈페이지 www.knsbookup.com

ISBN 979-11-392-2860-1(03810)
값 17,000원

- 이 책의 판권은 지은이에게 있습니다.
- 이 책 내용의 전부 또는 일부를 재사용하려면 반드시 지은이의 서면 동의를 받아야 합니다.
- 잘못된 책은 구입하신 곳에서 바꾸어 드립니다.

지식과감성#
홈페이지 바로가기

옵빠야! 제7탄   엘튼정의 해학과 시 그리고
            개 풀 뜯어 쳐먹는 소리

죽어서 세계 일주

엘튼정 시집

2025년 서울시 지하철 시 공모전 당선작

갈매기의 꿈
얘들아
배 뜰 시간이다
새우깡 먹으러 가자

작가의 말

"죽어서야 비로소, 삶을 바라보다."

이 이야기는 죽음에서 시작된 세계 일주입니다. 누군가는 삶을 떠나기 전에 세계를 보고 싶어 하고, 누군가는 떠난 후에야 비로소 세상을 바라봅니다.
이 책은 그 사이 어딘가에 놓인, 한 영혼의 긴 여행기입니다. 살아있을 때는 당연하게 여겼던 풍경과 사람들, 그 속에 담긴 감정과 기억들.
죽어서 떠난 세계 일주를 통해 주인공은 그것들을 다시 마주하고, 독자인 여러분도 어쩌면 자신만의 기억과 감정들을 다시 들여다보게 될지도 모릅니다.

이 이야기를 통해 '죽음'이란 단어가 조금은 덜 낯설게 느껴졌으면 좋겠습니다. 그리고 '삶'이란 여정이 생각보다 훨씬 넓고 깊다는 걸 함께 느껴보셨으면 합니다.

2025년 여름,
작가 올림

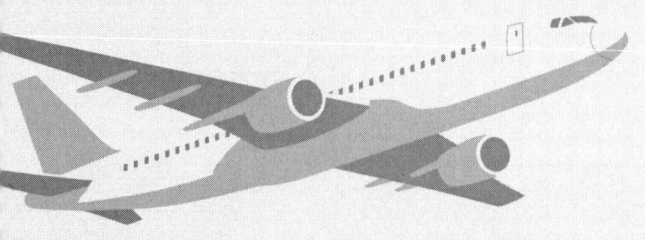

차례

1. 죽어서 세계 일주 I 14
2. 죽어서 세계 일주 II 15
3. 갈매기의 꿈 16
4. 이바구 17
5. 끝없는 헛다리 18
6. 내가 버린 100억 19
7. 배가 고파서 밥 대신
   마누라를 먹었더니 배가 더 고프다 20
8. 신혼이니 하룻밤에 30번? 으악~ 21
9. 빗물인지 애액인지 22
10. 막걸리에 몸 바친 여인 23
11. 과부 마님 24
12. 오빠의 구멍 파기 25
13. 더 세게 빨아줘 곧 덮쳐줄게 26
14. 동굴 속에 웬 여자가 27
15. 산속에 쓰러진 과부 28
16. 오빠 나 어떻게 좀 해줘 29
17. 복부인과 하룻밤 30
18. 옷 입을 시간이 없다 31

19. 떡집에서 떡 치다가   32
20. 목욕하는 옆집 여자   33
21. 옹녀의 사생활   34
22. 장독대에서 생긴 일   35
23. 오빠 젖 줄까   36
24. 흠뻑 젖은 그녀   37
25. 마릴린 먼로와 하룻밤   38
26. 월선포 아가씨   39
27. 고속버스에서 만난 여인   40
28. 비에 젖은 그녀   41
29. 바람난 마누라   42
30. 아랫도리 좀 빌려줘   43
31. 그녀의 깊이   44
32. 박 여사의 옹달샘   45
33. 그녀는 나의 막걸리   46
34. 형부의 흔적   47
35. 금요일의 입술   48
36. 수건이 문제야   49
37. 모닝콜   50
38. 한밤의 조깅   51
39. 야근의 기술   52
40. 레시피   53
41. 독서의 밤   54
42. 이중 약속   55

43. 비 오는 날엔	56
44. 헬스장	57
45. 경력직 연애 모집	58
46. 알바 구함	59
47. 중고 사랑 팝니다	60
48. 하숙생 구함	61
49. 마감 임박	62
50. 밤샘 작업	63
51. 재택근무 안내	64
52. 사내 연애 공고	65
53. 경고문	66
54. 밤의 철학	67
55. 알람 시계는 안다	68
56. 이성의 실종	69
57. 키보드야 미안해	70
58. 야한 시 읽기 금지	71
59. 사랑의 스킨십	72
60. 셀프 연애 중	73
61. 벗은 진심	74
62. 은밀한 문장력	75
63. 버스 안에서	76
64. 소주 땜에	77
65. 그날 밤	78
66. 향기	79

67. 불 끄지 마라	80
68. 커플 요가	81
69. 기습 뽀뽀	82
70. 니 가슴	83
71. 첫 키스	84
72. 베개	85
73. 데이트 날	86
74. 호떡 전쟁	87
75. 니 깐 도라지	88
76. 꽃게 데이트	89
77. 진짜가 나타났다	90
78. 포장지 로맨스	91
79. 결혼식 추도사	92
80. 중고차와 첫사랑	93
81. 소주 한 병, 추억 두 병	94
82. 미용실 앞에서	95
83. 장례식 뷔페	96
84. 유전자 드립	97
85. 춘자의 카톡	98
86. 족보의 오류	99
87. 구멍 난 동창회	100
88. 저승의 계좌이체	101
89. 조개껍데기 열렸네	102
90. 서핑보드 위의 러브샷	103

91. 모래에 그린 엉덩이   104
92. 해녀 언니의 수트   105
93. 바캉스 브라질리언 왁싱   106
94. 바닷바람이 벗겨 갔네   107
95. 해수욕장 꿀벅지 경연대회   108
96. 모래성 속의 야릇한 비밀   109
97. 파도와의 뜨거운 키스   110
98. 튜브의 배신   111
99. 등산의 목적   112
100. 산악회 불륜회   113
101. 봉우리의 은밀한 뜻   114
102. 흙먼지와 정욕   115
103. 텐트 안의 진실   116
104. 스틱의 두 얼굴   117
105. 레깅스와 햇빛   118
106. 고도와 고조   119
107. 바위틈 사이   120
108. 정상에서 외친다   121
109. 밭에서 만난 그녀   122
110. 비닐하우스의 열기   123
111. 논두렁 밀회   124
112. 젖소보다 큰 사랑   125
113. 아침 닭보다 빠른 사랑   126
114. 수박밭의 음모   127

115. 트랙터 로맨스   128
116. 고구마 캐는 날   129
117. 메뚜기 잡다 눈 맞다   130
118. 장날의 유혹   131
119. 낚싯대는 핑계야   132
120. 야한 물결, 쿨한 어부   133
121. 씨알 좋은 그녀   134
122. 은밀한 조업   135
123. 물고기도 반하는 엉덩이   136
124. 쌍끌이 러브라인   137
125. 고기보다 그녀   138
126. 어망에 걸린 건 브래지어   139
127. 밤바다 키스는 소금 맛   140
128. 선장님, 또 여친 바뀌셨네요?   141
129. 파리의 속옷   142
130. 도쿄 러브호텔 오해   143
131. 태국의 마사지 대참사   144
132. 로마에서 팬티 도난   145
133. 스페인 플라멩코 실수   146
134. 이스탄불 욕탕의 진실   147
135. 미국 모텔에서 벌어진 일   148
136. 베를린 누드 온천의 함정   149
137. 필리핀 호핑투어 팬티쇼   150
138. 캄보디아 야시장 러브스토리   151

139. 과부 김 씨네 텃밭	152
140. 혼밥 하는 박 영감	153
141. 혼자 사는 게 죄는 아니지만	154
142. 빨랫줄 사건	155
143. 댄스 교실 로맨스	156
144. 불 꺼진 집에 불 켜질 날	157
145. 안마 의자 사건	158
146. 뜨개질 클럽	159
147. 고추 말리던 날	160
148. 목욕탕에서 만났을 때	161
149. 요가 교실 유혹	162
150. 두부 사러 간 박 영감	163
151. 바둑 한 판	164
152. 장터 데이트	165
153. 장롱 속 사진	166
154. 배달 음식의 유혹	167
155. 라디오 사연	168
156. 슬리퍼 한 짝	169
157. 보일러 고장 난 밤	170
158. 궁합 봐 주는 스님	171
159. 복숭아 뒤태	172
160. 빨래를 걷다가	173
161. 고백의 타이밍	174
162. 소개팅	175

163. 로션 바르기   176
164. 혼자 먹는 라면   177
165. 땀나는 연애   178
166. 넷플릭스 앤 첼   179
167. 딸기 우유   180
168. 자기 전 생각   181
169. 샤워의 의미   182
170. 야한 상상   183
171. 나이트의 교훈   184
172. 모텔 앞에서   185
173. 밀당의 기술   186
174. 썸 끝   187
175. 편의점 러브스토리   188
176. 소개팅 후   189
177. 야한 꿈   190
178. 카사노바의 월중 행사표   191
179. 새색시 모집 공고   196
180. 첫사랑의 장례식   197
181. 옥아! 내한테 침 발라노코 어데 간노   199
182. 손만 잡게 해돌라꼬 애원하던 옵빠야   201
183. 행방불명된 마누라   203

죽어서 세계 일주 I

내 꿈은 세계 일주다.
그런데 아직, 아직도 못하고 있다.
그래서 죽어서 하기로 했다.
살아생전엔 걸어서 전국 일주 하다가
더는 걷지 못하게 될 때
조용히 바다로 굴러 들어가
광어에게 내 살 한 점 떼어주며
"미국 앞바다까지 데려다주렴."
자유의 여신상 구경하고 우럭에게 또 한 점 떼어주며
"프랑스 앞바다에 데려다줘."
세느강을 지나 에펠탑 아래 누워보고
고등어에겐 남극을 부탁한다.
"내 살 한 점 남극으로 실어다 줘.
펭귄들과 춤이라도 한바탕 추고 싶어."
돌고래에겐 갈비뼈 하나 물려주며
"태평양 한복판에 떨궈줘.
끝없는 수평선, 그 망망대해가 보고 싶어."
그러다 언젠가 바다 어딘가를 떠돌던
내 작은 뼈다귀 하나 우연히 만나게 되면
이산가족 재회하듯 서로 얼싸안고 소리 없이 울게 되겠지.
그렇게라도 나는 세계를 돌고
세계는 내게 스며들리라.

죽어서 세계 일주 II

죽고 나서야 비로소, 나는 짐을 꾸렸다.
무겁던 몸은 두고, 가벼운 영혼 하나 되어
첫 행선지는 안개 속 파리. 에펠탑 끝자락에서 햇살처럼 스며들다, 샹젤리제의 기억을 들추었다. 런던에선 시계탑 위로 올라 과거를 톡톡 두드렸다. 시간마저 나를 모른 척하지만 나는 그 속을 유영했다. 사막 한복판, 사라진 문명 곁에서 무명의 유적과 눈을 마주쳤다. 그들도 나처럼 잊혀지는 법을 배웠을까. 바다를 건너 하늘을 건너 나는 이름도 국경도 없는 존재가 되어 사람들의 꿈결에 스미었다. 그들이 잊은 이야기의 화자가 되어. 죽음은 끝이 아니더라. 숨이 멎은 그 순간부터 나는 진짜로 살아가기 시작했다. 세계를 돌며, 삶을 새기며. 그리고 오늘, 당신의 창가에 내려앉아 이 시 한 편 속삭인다. "나는 아직, 여행 중이다."

갈매기의 꿈

얘들아
배 뜰 시간이다
새우깡 먹으러 가자

이바구

누군가 그립다
꿈에도 생시에도
보이지 않는
얼굴도 알아볼 수 없는 누군가가
그와 이바구하고 싶다
하찮은 이야기라도

끝없는 헛다리

그녀의 환심을 사기 위해 술을 3차까지 샀다
술값만 날렸다
여장 남자였다

내가 버린 100억

100억이 지나갔다
100억인 줄 몰랐다
알고 보니 100억이었다
나에게 미쳐 있었던 그녀는
재벌 상속녀였다
난 왜 그때 마이너스 100억녀에게
미쳐 있었을까…

엘튼정의 해학과 詩

배가 고파서 밥 대신 마누라를 먹었더니
배가 더 고프다

아침에 일어나니 먹을 게 없다 그런데 마누라는 먹었단다
그래서 밥 먹은 마누라를 먹었더니 배가 더 고프다
희한하다

신혼이니 하룻밤에 30번? 으악~

뭐여
벌써 여름이여?
올해도 틀린 겨?
이노무 지지배 나타나기만 해봐라
60년 세월 까먹은 거 다
보상받아야지
그럼 그동안 못 한 거
하룻밤에 30번은 해야 된다구?
으악~

빗물인지 애액인지

우산을 쓰고 가다 앞이 안 보여 그녀와 부딪혔다 넘어지지 않으려고 서로 부둥켜안았다 그런데 그녀의 몸이 미끈미끈했다 이건 분명 빗물이 아니다 그럼 뭐지 생각하는데 그녀가 말했다 옹달샘 물이에요 한번 맛보실래요 결국 맛보자마자 중독되었다 지금도 매일 먹고 있다

막걸리에 몸 바친 여인

비가 억수로 쏟아진다
외로움도 쏟아진다
에라~ 막걸리나 마시자
마시다 보니 그녀가
막걸리 속에서 웃고 있다
내가 마신 것은 막걸리에
절인 그녀였다

과부 마님

늦은 밤 과부 마님에게 불려 갔다 오니 배가 고프다
그런데 마님은 배가 부르단다 내가 마님 몸속에 넣어드린
것은 겨우 희뿌연 이슬 몇 방울인데 희한하다
고걸 드시고 배가 부르다니…

오빠의 구멍 파기

우리 오빠는 구멍 파기의 달인이다 오늘도 파고 있다 그런데 왜 내게 있는 더 좋은 구멍은 그냥 놔두고 자기 콧구멍만 파는지 모르겠다

더 세게 빨아줘 곧 덮쳐줄게

한 시간째 빨고만 있다
미치겠다
조금만 더 세게 빨아줘
곧 덮쳐줄게
이 모기 새끼야~

동굴 속에 웬 여자가

등산 중 비가 와서 동굴에 들어갔다 그런데 작은 동굴을 가진 여자가 따라 들어왔다
비 그치길 기다리다 쉬가 마려워 밖으로 나가려는데 비 맞으면 안 된다고 자기 동굴에다 싸란다 할 수 없이 들어가서 쌌는데 쉬 대신 우유가 나왔다 신기하다

산속에 쓰러진 과부

산속에 과부가 쓰러져 있다
앉아서 쉬를 하고 있는데
뱀이 하필 거기를 물었단다
할 수 없이 입으로 빨아서 독을 뽑아 주었다 고맙다며 산을
내려가던 과부가 잠시 후 다시 돌아와 뱀에게 또 물렸다고
또 빨아 달란다 그것도 똑같은 그곳을… 지린내 엄청 나던
데…

오빠 나 어떻게 좀 해줘

술에 취해서 자고 있는데 옆집 여동생이 와서 밤이 외롭다고 어떻게 좀 해 달란다 그런데 술이 잔뜩 취해서 서질 않는다 결국 황금 같은 기회를 놓쳤다 아~ 띠발

복부인과 하룻밤

복부인이 땅을 사러 왔다
너무 싸게 달래서 안 팔았다 다음 날 다시 왔다 미스코리아 딸을 데리고서… 팔고 말았다 미인계에 홀려서 그런데 그녀를 옆집 놈에게 빼앗겼다 그놈은 나보다 땅이 더 많다 그래서 내 대물을 보여줬다 그랬더니 마음은 그놈에게 몸은 나에게 주기로 했다 그런데 술에 취해 미스코리아 엄마와 자고 말았다

옷 입을 시간이 없다

오늘도 올가를 100번
느꼈다 오빠는 백수다
그러니 나를 갖고 노는 일 말고는 할 일이 없다
결국 오늘도 옷 입을 시간이 없었다

떡집에서 떡 치다가

떡집에 취직했다

첫 출근 하자마자 떡을 치란다 떡매로 떡을 치고 있는데 저쪽에서 순옥이가 거기도 와서 쳐 달란다 급하게 달려가다 넘어지면서 순옥이를 치고 말았다 기절한 순옥이를 살리려고 심장 마사지를 해 주고 있는데 다 나은 거 같은데 아직도 안 일어난다 나도 모른 척 순옥이 가슴에서 손을 못 떼고 있다

목욕하는 옆집 여자

김 서린 창 너머 실루엣 한 폭,
비누칠이 예술이라면 그녀는 거장

샤워기 소리엔 리듬감이 있고,
허공을 나는 타월은 무용수 같지
커튼 너머에는 관찰 아닌 감상 중,
코피는 안 나도 심장은 바운스

그런데 우리 엄마 등장,
"뭐 보니?"

"예술이야, 엄마… 인체 예술…"
그날 이후, 커튼은 두 겹이 되었다

옹녀의 사생활

옆집 옹녀의 남자는 매일 바뀐다 오늘도 낯선 남자가 다녀갔다 가면서 혼잣말로 한탄한다 옹녀와 합방한 사내들이 모두 죽어 나가는 이유를 알 것 같다
어젯밤에 30번을 쌌다
헤롱헤롱~ 꼴까닥…

장독대에서 생긴 일

된장 익는 냄새보다 진했던 그날 밤, 장독대 옆에서 누군가 속삭였지 "이장님, 장은 잘 익었슈?" "글쎄, 손 한번 넣어 봐야 알겠지~" 그 말에 내 손에 닿은 건 된장이 아니라 뜨끈한 방망이였어 그날 장독대엔 별이 셋, 달이 둘, 숨소리는 셋도 아니고 넷 같더라 누가 누굴 숙성시킨 건지 고추장이 빨개졌는지, 내 얼굴이 빨개졌는지 그건 아직도 미스터리 장독 뚜껑 하나 열렸다 하면 그 앞에서 꼭 누군가 고무줄을 튕겨 그게 허리끈인지, 속옷 끈인지 이장님만 알고 있지. "아이고~ 된장 잘 뒤적이셨슈?" "예~ 오늘은 좀… 묵직했네요" 이건 절대 요리 얘기 아니잖아…

엘튼정의 해학과 詩

오빠 젖 줄까

날씨가 더워서 알몸으로 누워 있는데 갑자기 옆집 대학생이 나타나 선풍기에 걸려 넘어지면서 그녀의 가슴이 내 얼굴을 덮쳤다 그러자 그녀가 오빠 젖 줄까라며 가슴을 내 입에 물려 주었다 내 나이 40에 처음으로 젖을 먹었다 울 엄마가 주던 분유보다 훨씬 맛있었다

흠뻑 젖은 그녀

욕실에서 나와
흠뻑 젖은 채로
얼음을 입에 문 그녀
혀끝으로 녹이며
말없이 웃는다
그리고 한마디
너도 녹여줄까?
아흑…

마릴린 먼로와 하룻밤

늦은 밤 술 한 잔에 휘청거리며 걷고 있는데 마릴린 먼로가 다가와 나를 끌어안고 비벼대는기라 결국 같이 잤다 아침에 일어나 보니 옆에 늙은 호박 한 통이 누워 있었다 이상하다 어제 분명 먼로와 같이 잤는데…

월선포 아가씨

작은 갈매기들이 울렁대는 곳 낚시꾼들이 스며드는 곳 여기 월선이가 살아가는 곳 갯지렁이 미끼 팔아 시집 밑천 마련하려고 사랑 찾아 낯선 곳에 온 광수 오빠 처음 본 순간 월선이는 콩닥콩닥 이런 건 처음이야

고속버스에서 만난 여인

맨 뒷좌석에서 꿈나라 여행을 하면서 아리따운 여인과 농염한 사랑을 나누었다
그런데 뭔가 이상해서 눈을 떠보니 현실이었다 내 무릎 위에 그녀가 앉아 있었다 종점까지 모른 척했다

비에 젖은 그녀

비가 쏟아진다
앞에 비를 흠뻑 맞으며 그녀가 걸어간다
우산을 같이 쓰고 걸었다
아무 말이 없다 내 우산을 쥐여 주고 헤어지려는데 가지 마세요 같이 있어줘요 애원하기에 같이 있어 주었다 지금도 같이 있다 1남 1녀의 볼모가 되어서…

바람난 마누라

언제부턴가 마누라가 수상하다 틈틈이 그놈을 만나는 것 같다 미행을 시작했다 미행 3일째 드디어 모텔로 들어간다 따라 들어갔다 705호로 들어간다

심장이 멎는 것 같다 그 순간 어디선가 아흐 아흐흥 괴성이 들린다 그 소리를 듣는 순간 주책없이 그놈이 대빵 커진다 마음을 가라앉히고 쳐들어갔다 마누라가 알몸으로 누워서 여보! 어서 와 자기가 하도 안 해줘서 유혹했어 그 소릴 듣자마자 그놈이 죽어버렸다 이거 뭐지…

아랫도리 좀 빌려줘

날씨가 더워서 문을 열어놓은 채로 발가벗고 대청마루에 누워있는데 갑자기 앞집 아줌마가 들어와 아랫도리 좀 빌려 달라며 내 거시기를 자기 몸속으로 빨아들였다 미낀미낀하고 습하고 어두컴컴한 동굴 속에서 세 시간을 감금당한 채 휘둘렸다 아줌마가 가고 나니 배가 고프다

그녀의 깊이

그녀의 깊이는 끝이 없다
아무리 들어가도 닿지를 않는다
결국 그녀가 남긴 한마디 자기야! 문 열어놓은 지가 언젠데
아직도 안 들어와

박 여사의 옹달샘

옆집 박 여사가 막걸리와 파전을 가져왔다
같이 먹다가 선풍기 바람에 그녀의 치마가 들춰지며
옹달샘을 보고 말았다
떡 본 김에 제사 지냈다 다음 날부터 매일 제사 지냈다
아버지의 제사상이 아닌
그녀의 옹달샘에…

그녀는 나의 막걸리

첫 잔은 달콤했고
둘째 잔은 알딸딸
셋째 잔은 기억이 없다
그런데 내 이불 속에 그녀는 없고 그녀의 팬티가 쿨쿨 자고 있다

형부의 흔적

옆집 언니가 하늘나라로 갔다
형부가 측은해서 돌보아 드렸다
어느 날부턴가 잘 때 형부가 와서 옷 위만 더듬고 간다
감질난다
더 깊이 더듬어도 되는데…

금요일의 입술

퇴근길엔 버스보다
그녀의 입술이 빠르다
"타요" 하는 순간 이미 혀는 급행
치킨은 식었지만 그녀는 아직 후끈하다
맥주보다 입김이 더 취하게 하네

수건이 문제야

목욕은 끝났고
물은 다 닦였는데 왜 수건은 그녀의 허리에만 계속 걸쳐 있을까
몸은 뜨거운데 이 관계는 아직 미지근…

모닝콜

알람보다 먼저
그녀가 날 깨운다
입김으로, 손끝으로
내 정신을 깨운다
출근은 9시인데
나는 7시부터
이미 하루를 시작했다

한밤의 조깅

그녀가 런닝화를 신었다
나는 그냥 벗었다
침대 위 트랙을 도는 우리는
호흡도 스텝도 고르지 않다
"운동 좋아해요?" 묻길래
"밤에만 합니다" 대답했다

엘튼정의 해학과 詩 ●

야근의 기술

사무실 불은 꺼졌지만
우리의 랩톱은 열려있다
보고서는 안 쓰고
서로를 열심히 편집 중
회의보다 진지한 자세로
커서를 그녀에게 옮긴다

레시피

사랑을 요리하는 법
먼저 입술을 재운다
혀로 중불에 뒤적인 후
천천히 옷을 벗긴다
소스는 땀과 숨결
익었을 때는 눈으로 안다

독서의 밤

책상 밑으로
다리가 자꾸 닿는다
고의인가, 우연인가
한 장 넘기며
그녀가 속삭인다
"문학은 몸으로 읽는 거야"

이중 약속

8시에 소개팅
8시 반에 연인과 영화
나는 오늘 두 번의 거짓말을 하고
세 번의 키스를 한다
진실은 침대 위에만 존재했다

비 오는 날엔

우산을 같이 쓰자며
몸을 붙인다
이미 비는 멈췄지만
우리는 계속 젖는다
골목 끝, 입맞춤이 번개처럼
무섭고 달콤하게 친다

헬스장

PT쌤이 말한다
"자극이 와야 근육이 붙어요"
나는 그녀를 생각하며
허벅지를 조인다
운동은 힘들지만
상상은 가볍다

경력직 연애 모집

조건: 전 남친 미련 없음

연봉: 하루 세 번 입맞춤

복지: 매주 침대 회의, 월 1회 야외 연애

지원자는 사진 대신 첫날밤 시나리오 제출

포트폴리오엔 과거 키스 스킬 명시 요망

알바 구함

위치: 내 방
시간: 22:00~새벽 감성 퇴근 전
업무: 어깨 안마, 심장 자극, 입술 교환
주말 집중 근무 가능자 우대
식사로 나를 제공함

중고 사랑 팝니다

3년 탔지만

아직 쓸 만합니다

눈물 몇 방울 떨어졌고

질투 자국은 조금 있음

직거래 환영

시트 교체 완료됨

하숙생 구함

조건: 밤 10시 이후 외출 가능
공용공간: 침대, 이불, 몸
냉장고보다 내 품이 따뜻함
보증금은 키스로 받습니다

엘튼정의 해학과 詩

마감 임박

오늘까지 안 안기면
품절 예정입니다
한정판 스킨십
단 한 사람에게만 지급
긴팔 입기 전에
내 팔로 감싸 가세요

밤샘 작업

프린터는 고장 났고
문서 대신 우리가 눕는다
몸으로 쓰는 시나리오
한 글자씩 소리로 출력
편집은 키스로
검토는 숨결로

재택근무 안내

출근복: 아무것도 안 입기

회의는 눈빛으로

보고는 침대로 제출

근무 태도: 나른하고 유혹적으로

점심은 서로의 목덜미

사내 연애 공고

회사 규정상 금지되었지만
야근 후, 복사기 옆에서
우린 자꾸 프린트됨
비밀 연애?
숨길수록 더 들키고 싶다

경고문

이 문을 열면
내 품이 대기 중입니다
들어오는 순간
이성은 퇴근합니다
단, 나갈 땐
심장에 흔적 하나쯤 남습니다

밤의 철학

밤 열두 시, 철학책 펴고
옆엔 네 사진, 윗도리 벗고
지혜도 욕망도 한 페이지에 눌러앉아
"칸트여, 너도 외로웠니?"
내 손은 책을 넘기다
자꾸 엉뚱한 곳을 짚어
도덕은 참 어렵다

알람 시계는 안다

알람보다 먼저 깬 이유
꿈속에서 너랑… 잠깐…
목욕탕이었나? 아니, 방이었다
이불 속 온도는 37.5도
내 심장은 38.7도
알람은 삐삐, 넌 비비…
아무튼, 다시 잘 수 없다

이성의 실종

소개팅에서 그녀가 웃자
내 이성은 지하로 내려갔다
그녀가 물 마시는 입술 보며
내 정신도 물처럼 사라졌고
그녀가 '영화 볼래요?' 하자
내 입은 '예술 영화요?' 했지만
마음은 '베드신 있나요?' 울부짖었다

키보드야 미안해

그녀 프로필 사진을 확대하다
나도 모르게 터치한 하트
'좋아요' 3년 전 게시물
내 손가락아, 왜 그랬니
키보드야, 니가 말렸어야지
이제 나, 숨는다
데이터 속 사랑은 무섭다

야한 시 읽기 금지

야한 시를 읽던 그 밤
엄마가 방에 들어왔다
나는 책을 들고 외쳤다
"이건 예술이에요! 표현의 자유!"
엄마는 말했다
"그래도 바지는 입고 읽자"
그날 이후 나는 독서대를 샀다

사랑의 스킨십

그녀가 손을 잡자
난 손부터 식은땀이 났다
어깨에 기대자
심장은 드럼이 되었다
입술이 가까워졌을 땐
나도 모르게
껌 씹던 걸 삼켰다

셀프 연애 중

그녀는 없다
그러나 내 침대는 넓다
쿠션을 끌어안고
나는 매일 사랑을 나눈다
거울에 속삭인다
"자기야, 오늘도 예뻐"
외로움도 웃는다

벗은 진심

그녀 앞에서
속마음을 벗어 보였더니
"그 속옷, 진짜 마음이야?"
난 붉어졌다
"응… 마트에서 고른 내 진심이야"
그녀는 웃었고
속마음은 빨래통에 갔다

은밀한 문장력

"이리 와봐" 한마디에
나는 소설 한 권을 썼다
상상은 이미 19금
단어마다 땀이 묻었고
문장 끝에 물음표 대신
숨소리가 붙었다
출판은 못 한다

엘튼정의 해학과 詩 ●

버스 안에서

그녀가 옆자리에 앉았고
나는 핸드폰을 들었다
웹툰은 야했다
근데 이어폰이 빠져 있었다
'앙~' 소리에 버스가 정적
난 창밖을 보며 외쳤다
"요즘 효과음 실감 나네…"

소주 땜에

옥아…
소주 두 잔째 되니까
니가 속옷만 입고 웃더라
근데 정신 차려보니
니는 없고
우리 엄마가 씩 웃고 서있더라
이게 뭔 조화고…

그날 밤

그날 밤
니가 내 방 들어온다 캐서
심장이 두근두근하길래
문 열어놨더만
들어온 건
우리 집 고양이더라
근데 걔도 수컷이다 아이가

향기

너한테서 향기 난다
자기야 향수 뿌렸나 했는데
니 입에서
마늘쫑 냄새가
억수로 정겹더라
그래서 뽀뽀는 안 했다

불 끄지 마라

불 끄지 마라 캐쌌지
분위기 잡는 중이었는데
니 눈썹을
매직으로 그린 줄은
몰랐다 아이가
불 끄길 잘했네 진짜로

커플 요가

커플 요가 한다고
뒤에 바짝 붙어 앉았는데
니 방귀를 그 타이밍에
터뜨릴 줄은 몰랐다
숨 참기 고비 넘기느라
사랑이 식었다 아이가

기습 뽀뽀

기습 뽀뽀 할라꼬
니 볼에 대려 했는데
그게 볼이 아니고
니 턱이더라
너무 딱딱하데이
이제 수염 좀 밀고 만나자

니 가슴

니 가슴 보니까
두근두근하데이
근데 그건 니 가방끈에
귤 두 개 들어간 거였다
헷갈리게 하지 마라 진짜

엘튼정의 해학과 詩 ●

첫 키스

첫 키스하던 날
니가 고개를 천천히 돌렸는데
내 입술이
코에 닿아부렀다
키스는 다음 생에 하자

베개

니 베개에서
향기 나는 줄 알고
코 박고 잤는데
그게 고양이 화장실 매트였데이
한동안 정신 못 차렸다

데이트 날

데이트 날
딱 붙는 치마 입고
니가 달려오는데
내 심장도 뛰고
네 치마도 찢어졌데이
이제 바지 입고 만나자

호떡 전쟁

시장 호떡 하나 사 가꼬
니 앞에서 멋지게 한 입 물었는데
뜨거운 시럽이
내 코털에 뚝 떨어져가
불났는 줄 알고
니가 물 뿌리 뿌리 하다가
내 셔츠 다 젖었데이
결론은… 호떡값보다 빨랫값이 더 들었다

엘튼정의 해학과 詩

니 깐 도라지

도라지 파는 할매가
니한테는 싱글벙글이더라
내가 질투 나가
도라지 좀 더 깎아달라 카니까
할매가 내 손에
껍질 안 깐 도라지 던지더라
사랑보다 도라지가 쓰더라 그날

꽃게 데이트

꽃게 코너 지나가는데
니가 "오빠~ 귀엽지?" 하길래
꽃게랑 눈 마주쳤다
갑자기 걔가 발을 움직이길래
내가 "살아있다!" 하고 소리 지르니까
주인이 "내 마누라보다 더 예민하네" 이래가
내가 울 뻔했다 아이가

진짜가 나타났다

니가 "오빠~ 나 곱창 좋아해~" 해서
곱창집 줄 서서 사 줬다 아이가
근데 니가 두 점 먹고
"사실 나 곱창 못 먹어"
이래 되는기라
그날부터 내 별명은
곱창혼밥남 됐다

포장지 로맨스

니한테 주려고
풋사과 사 가꼬
예쁘게 신문지에 싸줬는데
니가 펼치더만
신문에 '급체 탈출 비법' 적혀있더라
니가 눈물 나게 웃더라
그 뒤로 나만 보면 사이다 찾는다

결혼식 추도사

딸내미 결혼식 날
내 첫사랑이 하객으로 왔능기라
하얀 드레스를 입은 딸을 보더니
눈물 찍 흘리며 말하더라
"니 아부지 젊을 때랑 똑 닮았네"
아내가 힐끔 보더니
"니는 또 어디 가서 씨 뿌리고 왔노?"
오 마이 갓
이게 결혼식이가 장례식이가…

중고차와 첫사랑

중고차를 사러 갔는데
딜러가 차를 소개하는데
"이 차는 한 주인만 탔어요" 카더라
보닛 열어보니
운전석 의자 밑에 편지 한 장
춘자 올림
아이고, 이 차
내 첫사랑이 몰던 차 아이가
차는 중고인데
기억은 신품이네…

소주 한 병, 추억 두 병

편의점 앞에서 소주 한 병
혼자 까고 있는데
옆 테이블 아줌마가
"니 혹시 춘자 아들 아인교?"
헉… 춘자?
내 첫사랑 이름인데…
"아줌마… 아드님 아부지는… 혹시…"
그 아줌마, 소주를 탁 내려놓더니
"니라 카면 맞을 끼다"
소주가 쓰디쓰다…
DNA 검사비는 누가 내노?

미용실 앞에서

미용실 앞을 지나가는데
파마한 아주머니가 날 보더니
"야야, 니 아부지 이름이 혹시 철수 아인교?"
"맞는데예…"
"아이고, 춘자가 늘 말하던 그 철수 맞네
근데 인자는 묻지도 말고 따지지도 말그라"
가슴이… 파마처럼 꼬부라지더라

장례식 뷔페

삼촌 장례식 날
뷔페에서 밥 먹고 있는데
옆 테이블에서 누가 말하더라
"철수 오빠, 오랜만이네예?"
고개 드니… 춘자의 딸?
근데 어째 얼굴이
내 조카 얼굴이랑 판박이고
"혹시… 니 동생 이름이 지훈이가?"
"예, 어케 아셨어예?"
"그냥… 꿈에서 봤다 칩시다"

유전자 드립

초등학교 학예회 날
우리 아들 뮤지컬 무대에서
춤추는데
뒤에서 누가 속삭이더라
"야, 춘자 아들 아이가?"
내가 참다못해
"내 아들이라요" 하니까
"그래도 춤선은 춘자랑 똑 닮았네예~"
나는 누꼬? 아는 사람?

춘자의 카톡

카톡 프로필 사진이
고3 때 교복 입은 내 사진이라
친구한테 "이거 누구 프로필이고?" 물었더니
"춘자 사진에 니 얼굴 왜 있노?"
춘자, 너 내 사진을
25년째 앨범처럼 간직한 거 아이가
근데 네 남편은… 알고 있나?

족보의 오류

족보 정리하다가
내 이름 밑에
이상한 분기점이 생긴기라
이게 뭐꼬?
"춘자 / ??? / 철수"
어이, 삼촌!
이건 족보가 아니고 스포일러 아이가?

구멍 난 동창회

고등학교 동창회 갔는데
춘자 남편이 갑자기
"이 중에 내 자식 만든 놈 있나?"
다들 조용하데
내도 조용했는데
춘자 딸이 나보고
"삼촌, 나 아빠랑 눈썹이 똑같대예~"
이거… 출석 체크인가요?

저승의 계좌이체

죽기 전에
춘자한테 미안해서
통장에 10만 원 보냈다
'사랑했던 철수'
며칠 뒤, 문자 한 통
[춘자 남편] 왜 보내셨죠?
헉… 통장 명의가 공동명의였더라
야야, 춘자야
저승 가면 그 통장부터 해지하자

조개껍데기 열렸네

조개껍데기 열렸네
누가 열었을까?
해녀 아줌마 "이놈들아! 그건 내 점심이야!"
근데 왜 안에 팬티가 있지?
누가 벗어두고 수영 갔나 본데…
조개도 당황했겠다
"이거… 내 껍질 아닌데…?"

서핑보드 위의 러브샷

파도 탄다고 폼 잡다가
보드 위에서 껴안았는데
수영복이 벗겨졌네?
"아냐, 이건 바닷물 때문이야!"
"그래… 바다가 널 벗기고 싶었나 봐…"
이후 커플은 SNS 스타가 되었다
태그: #파도도_응원한_러브

모래에 그린 엉덩이

어떤 남자가 모래사장에
여자 엉덩이 그림을 그렸다
그걸 본 파도가 말하길
"나도 한번 쓸어보고 싶었어…"
그날 이후로
모래사장은 늘 축축했다

해녀 언니의 수트

해녀 언니, 옷 벗는 속도는
F1보다 빠르다
"이것이 진정한 수트 액션이지!"
그런데… 벗고 보니
속옷도 잠수복이었다
"언니, 얼마나 방수가 중요한 거예요?"

바캉스 브라질리언 왁싱

민수는 용기를 냈다
바다 들어가기 전 왁싱을 했다
근데 너무 매끈해진 나머지
물고기가 꼬리로 착각했네
"야, 이거 먹는 거 아냐!"
그날 민수는 물고기와 엉덩이 싸움을 벌였다

바닷바람이 벗겨 갔네

단체 사진 찍는데
갑자기 바람!
수건이 날아가고…
누군가는 상의, 누군가는 하의…
"이거 단체 스트립쇼야?"
사진엔 웃는 얼굴만 가득
배경: 전라의 친구들

엘튼정의 해학과 詩 ●

해수욕장 꿀벅지 경연대회

여자들도, 남자들도
"나의 허벅지를 보아라!"
그날의 우승자는…
할아버지였다
"내 허벅지로 6.25도 막았단 말이야"
심사위원 만장일치

모래성 속의 야릇한 비밀

아이들은 모래성을 쌓았고
아빠는 그 옆에서 무심코 말했다
"예전에 엄마랑 여기서…"
엄마: "쉿! 애 듣잖아!!"
하지만 모래성 안엔
하트 모양 조개가 하나…
애들은 몰랐다
그게 그날 밤의 증거라는 걸

파도와의 뜨거운 키스

소라 누나는 혼자 파도를 맞았다
"이거… 나랑 밀당하는데?"
파도는 밀고, 누나는 젖고
그렇게 그들은 서로를 적셨다
수영복도 파도도
서로를 벗기려 애썼다
그날 밤, 바다는 소라 누나 편이었다

튜브의 배신

영철이는 초코우유처럼 부풀린 튜브를 끼고
여자들 앞에서 쿨하게 떠 있었다
그런데 바람이 빠졌네?
"푸쉬익…"
바로 엉덩이부터 가라앉았다
옆에서 본 아이:
"엄마! 저 삼촌 왜 엉덩이만 빠져요?"

등산의 목적

산은 높고
그녀의 레깅스는 더 높다
나는 숨이 찬다
그녀는 힙이 찬다
정상은 멀다
하지만 그녀는 벌써 정상을 찍었다

산악회 불륜회

토요일 새벽 다섯 시
단체 톡: "출발합니다~^^"
남편은 잔다
아내는 등산 간다
등산 가방엔 물, 간식, 그리고… 립스틱

봉우리의 은밀한 뜻

그녀는 물었다
"오빠, 저 봉우리 뭐야?"
나는 대답했다
"두 개 있으면 쌍봉,
한 개면 가슴 아파…"

흙먼지와 정욕

산에 오르면
등 뒤에서 헐떡이는 숨소리
"형, 너무 빠르세요…"
아, 너 말고
그녀 말이야

텐트 안의 진실

비가 와서 못 내려간다고
텐트 안에 둘이 갇혔다
밤은 길고,
침낭은 하나고,
그날 이후 둘은 하산 후에도 같이 산다

스틱의 두 얼굴

등산 스틱은 두 개
한 손엔 내 거
한 손엔 그녀 손
둘 다 꽉 잡고 있었는데
왜 내 마음은 헛디뎠을까

레깅스와 햇빛

햇살이 비친다
그녀의 레깅스에
나는 그만 정신을 잃었다
산소는 부족하고,
도파민은 넘쳤다

고도와 고조

고도가 오를수록
그녀의 숨소리는 고조되고
나는 더 올라가고 싶다
어디까지?
아무도 모른다
그녀도, 나도

바위틈 사이

산에는 크고 작은 바위가 많다
그녀는 그중 가장 긴 곳을 좋아한다
"여기야…! 이 사이가 좋아"
나는 말없이 다가간다
그 바위틈은… 예상보다 깊었다

정상에서 외친다

정상에서 외쳤다
"야호~~~~~"
뒤에선 그녀가 말한다
"야해~~~~~"
나는 웃었다
그게 우리가 함께 산에 오르는 이유다

밭에서 만난 그녀

밭을 매던 아저씨,
허리 숙이다가 깜짝!
앞 밭 아줌마 뒤태에
괭이까지 떨궜지
"에이, 뭐 그리 놀라요?"
"아뇨… 큰 감자인 줄 알고…"
그날 이후 아저씨는
감자만 보면 두근두근

비닐하우스의 열기

여름날 비닐하우스,
아줌마 땀 흘리며 고추 땄네
아저씨 지나가다 보곤 말했지
"이야, 고추가 아주 실하네요!"
아줌마 힐끔 웃으며 한마디,
"당신 고추는 괜찮나 몰라~?"
그 순간 아저씨 귀까지 붉어지고
호스 꺼내다 발에 물 쏟았네

논두렁 밀회

논두렁 사이로 삐죽한 풀,
그 속에서 둘이 속닥속닥
"오늘 물 댔어?"
"아직… 안 댔지~"
두 분의 농사 이야기인 줄 알았건만,
표정은 왜 그리 야리꾸리한지
해는 지고 달은 뜨는데
물은 결국 넘쳐흘렀다네…

젖소보다 큰 사랑

축사에서 만난 아줌마,
젖 짜는 손길이 능숙해
아저씨 쳐다보며 한마디
"이 손길 어때요?"
아저씨 말잇못하며,
우유 대신 심장이 터질 뻔!
그날 이후 소들 질투 시작됐고
젖소들도 눈치를 보기 시작했다

엘튼정의 해학과 詩 ●

아침 닭보다 빠른 사랑

닭 우는 새벽,
아줌마 일찍 일어나 닭장으로
아저씨는 그보다 더 일찍,
닭보다 먼저 꼬끼오!
"아이고, 뭣이 그리 급혀~?"
"그대가 부르면 나는 달려오지!"
닭도 멈췄다, 그들의 러브 송에

수박밭의 음모

수박밭 사이로 둘이 앉아,
한 입, 두 입, 수박 먹다가
씨 뱉고 장난치며 말했네
"내 수박도 깨볼래요?"
아줌마 웃다 사레 들고,
아저씨는 얼굴 빨개져 도망!
하지만 그 뒤로, 수박은 늘
둘이 같이 깨는 게 전통이 되었지

트랙터 로맨스

아저씨 트랙터 몰고 지나갈 때,
아줌마 바람에 치맛자락 휘날리네
"어디 가요, 그 바람 따라~?"
"아무 데나 데려가요, 기름만 있으면!"
그날부터 둘은 트랙터 데이트,
논길을 달리며 사랑을 심었다네
기름값은 늘 걱정이었지만,
정은 언제나 풀 충전

고구마 캐는 날

고구마 캐던 날,
아줌마 엉덩이 쏙 들이민 채
"이거 커요? 잘 익었죠?"
아저씨 얼떨결에 고개만 끄덕
고구마인 줄 알았지만,
아저씨 마음이 더 익어버렸네
그날 이후 고구마는
사랑의 상징이 되었지

메뚜기 잡다 눈 맞다

메뚜기 따라 뛰던 아저씨,
풀밭에서 아줌마와 정면충돌!
"잡히긴 했네요"
"뭐가요?"
"메뚜기도, 내 심장도"
그 후로 메뚜기 따위 안 잡는다
아줌마가 훨씬 더 짜릿하니까

장날의 유혹

5일장 열린 날,
아줌마는 핫핑크 고무장화,
아저씨는 콩나물 사러 왔다가
"에잇, 콩나물 말고 콩깍지에 끼었네~"
두 눈 마주친 순간,
반찬 대신 사랑을 사 갔지
그날 저녁, 둘 다 반찬 없이도
배는 부르더란다

낚싯대는 핑계야

고기? 잡으러 간 거 맞아
근데 왜 배 위엔 향수 냄새가 나냐고?
"어부도 외로워요…"
그는 미끼보다 멋진 미소를 던졌지
물고기 대신
인스타 모델이 걸려들었다네

야한 물결, 쿨한 어부

물결이 야하게 출렁일 때
그는 고기보다 더 깊은 눈빛을 던진다
"고등어야, 널 낚으려던 건 아니었어
그녀였지… 저 해변 너머에"
그리고 또 한 명의 번호를 낚았다

엘튼정의 해학과 詩 ●

씨알 좋은 그녀

어부의 꿈?
씨알 좋은 고기지
하지만 요즘은
씨알 좋은 그녀랑 밤바다 데이트가 대세!
"이 배 이름이 '미끼'인 이유, 알겠어?"
그녀가 웃으며 탄다

은밀한 조업

조용한 새벽, 배가 바다를 가르면
그의 손은 조심스럽게
낚싯대가 아닌 그녀의 손을 잡는다
"고기보다 네 심장이 더 잘 뛰어"
오늘도 조업은 대성공이었다

엘튼정의 해학과 詩

물고기도 반하는 엉덩이

항구에선 소문이 자자했다
그 어부는 바다도 반하게 한단다
근데 왜?
엉덩이가 그렇게 탐스럽다나 뭐라나
갈치도 미끼 말고 그 엉덩이에 걸려들었다는 전설

쌍끌이 러브라인

두 마리 토끼는 못 잡는다지만
그는 두 사람의 마음쯤은
쌍끌이 어망으로 거뜬히 잡는다
"바다야, 내 진심을 감춰줘…"
그리고 다시 그녀의 눈을 바라본다

고기보다 그녀

전어가 돌아오는 계절
그는 고민했다
"전어 대 여친… 뭐가 더 기름지지?"
결국 둘 다 챙겼다
회는 그녀랑, 술은 어촌계 아줌마랑

어망에 걸린 건 브래지어

물고기인가 싶었는데
건져 보니 레이스 브래지어
"이건 또 누구의 흔적이야?"
그는 씨익 웃으며 말한다
"내 어망은 사랑도 걸러내지 못하지"

밤바다 키스는 소금 맛

물안개 자욱한 밤
둘이 함께한 조업은 없었다
그저 둘이 바라보다가
입술이 닿았을 뿐
"이게 진짜 자연산이지…"
그가 말했다

선장님, 또 여친 바뀌셨네요?

항구 아줌마가 말한다
"이번엔 어떤 아가씨랑 왔대?"
어부는 웃으며 대답한다
"고기처럼, 사랑도 계절 따라 바뀌는 법이죠"
그의 배엔 항상 새로운 이름이 새겨진다

엘튼정의 해학과 詩 ●

파리의 속옷

에펠탑 아래서 셀카 찰칵,
바람 한 줄기에 치마는 하늘로 훨훨
속옷은 미키마우스, 어쩌라고!
프랑스 아저씨 "Oh làlà~"
난 도망쳤다, 미키와 함께

도쿄 러브호텔 오해

길 잃고 들어간 곳, 이름이 '하늘정원'
침대가 회전하고 거울이 사방팔방
친구가 속삭였다
"야, 이거… 야한 데야"
근데 왜 베개는 그렇게 푹신한 거냐

태국의 마사지 대참사

"마사지? 오케이, 해봐!"
근육 풀릴 줄 알았는데
등짝에 올라탄 그녀, 쿵!
내 척추가 '크르르륵'
그 뒤로 고양이 자세만 한다

로마에서 팬티 도난

콜로세움 앞, 분수에서 발 담그다
바지를 벗고 말렸다, 근데 팬티는 어디로?
갈매기가 물고 갔다
로마의 신이여, 그 팬티를 지켜주소서

엘튼정의 해학과 詩

스페인 플라멩코 실수

열정의 무대! 나도 끼어들었지
치마 휙 돌리다, 속바지가 하늘로 인사
관객 박수 짝짝!
나? 웃으며 퇴장
무대는 짧고, 창피는 길다

이스탄불 욕탕의 진실

터키욕 체험, 두근두근
큰 아저씨가 나를 눕히더니
비누칠 후 망치질을…
"Relax!"
난 고향 생각 났다

미국 모텔에서 벌어진 일

GPS가 안내한 'Motel Love Inn'
들어가자마자 침대에서 윙~
동전 넣는 침대였다
진동 3단계, 난 그냥 잤는데 왜 허리가…

베를린 누드 온천의 함정

자연주의 온천? 좋아, 도전!
모두가 벗고 자유롭게~
근데 내 수건만 바람에 날아갔다
나는 도망자처럼 숨었다
뒤에선 "Schön!" 외침만 들려왔다

필리핀 호핑투어 팬티쇼

스노클링 끝나고 배 위로 쑥~
수영복이 벗겨진 줄도 모르고 뽐냈지
사진엔 '엉덩이 인증샷'
그날 이후, 별명이 '버드맨'

캄보디아 야시장 러브스토리

스콜 쏟아진 날, 맥주 마시다
옆 테이블 그녀와 눈 맞춤
근데 테이블 밑, 내 바지가 흙탕물 범벅
그래도 웃으며 번호 교환했지
"우리, 진흙탕에서 시작했네?"

엘튼정의 해학과 **詩** ●

과부 김 씨네 텃밭

텃밭에서 호박이 주렁주렁
"아이고, 이것 좀 커 봐라~"
동네 홀아비 박 씨, 김칫국부터
"그 호박, 따주까?
아니면 내 것 따다 줄까?"
김 씨 과부, 손 허리에 얹고
"박 영감, 호박 말고 감자나 캐"
속뜻을 모르고 씨익 웃는 박 씨
"감자도 크면 호박 되는기라~"

혼밥 하는 박 영감

김장철, 김치 한 포기 없어
라면에 김칫국물 타 먹는 박 영감
동네 과부 지나가며 한 소리
"혼자 사니 입맛도 없제?"
박 영감, 눈 반짝이며
"입맛은 있는데, 밥 해줄 사람이 읎어"
과부는 히죽 웃으며 대꾸하네
"밥은 해줄 수 있지~
밥만, 진짜 밥만 해줄끼다~"

혼자 사는 게 죄는 아니지만

과부 최 씨, 저녁마다 고스톱
동네 남정네들, 술 한 병씩 들고
"우리 최 씨 손 좀 봐주러 왔수다"
카드보다 손잡고 싶다지만
최 씨, 눈치 백 단
"나는 패만 잘 보면 된다 아이가,
패배는 싫다카이!"

빨랫줄 사건

바람 좋은 날, 빨랫줄에
최 씨 과부의 속옷이 팔랑팔랑
홀아비 영감들, 괜히 마당 쓸며
눈은 빨랫줄에 고정
"에구, 이거 흘러내리네~"
과부, 일부러 천천히 손 뻗고
뒤에서 헛기침 소리 연달아
그날 마을회관, 남정네들 꽉 찼다
"다들 그 속옷에 홀린 거 아인교?"

댄스 교실 로맨스

노인정 댄스 교실
홀아비와 과부 짝 맞춰 탱고
"허리 좀 더 붙여요"
"그거… 괜찮을까요?"
"여긴 댄스고, 밖은 현실이제"
끝나고 라면 한 그릇
"혹시 내일도 탱고 할라예?"
"내일은 내 집에서 라면 끓입시다"

불 꺼진 집에 불 켜질 날

최 과부 집 불이 환히 켜졌다
"누구 왔나?" 수군대는 동네 사람들
박 영감, 뒷짐 지고 말하길
"전구 갈아줬다 아이가"
근데 왜 그 집에 전구가 셋이냐?

안마 의자 사건

복지관에 생긴 안마 의자
과부 하나 앉으면, 영감 셋 줄 선다
"누님, 다리 많이 아프제?
제가 눌러줄까예?"
안마는 기계가 하고
문제는 그 손이 가는 길…
관리자는 결국 종이 써 붙였다
"안마 중 이상한 손, 출입 금지"

뜨개질 클럽

과부 셋 모여 뜨개질
박 영감, 괜히 실타래 굴러간 척
"이거 제 맘인가 봅니다~"
과부 김 씨, 대답하길
"니 실은 꼬였고, 내 맘은 풀렸다~"

고추 말리던 날

마당에 고추 널어 말리는 김 씨 과부
홀아비 영감들 지나가며 한마디
"그 고추 참 붉고 탐스럽소~"
김 씨, 씩 웃으며 대꾸하길
"나도 탐나는데, 아직은 덜 말랐다 아이가~"

목욕탕에서 만났을 때

동네 공중목욕탕
여탕과 남탕 사이 얇은 벽
영감 하나, 기침 크게 하며
"최 씨 왔나~?"
과부 최 씨 대답하길
"내 목소리 듣고 왜 가슴이 뛰노?
물 끓는 소리나 들어라!"

요가 교실 유혹

요가 교실에서 과부들 몸 휘는 날
홀아비들 구경 삼매경
"몸이 저리 잘 휘면, 마음도 휘겠지?"
과부 한 명 대답하길
"마음은 곧은데, 허리는 유연하제~"
그날 요가 끝나고 짝 요가 신청 급증

두부 사러 간 박 영감

두부 사러 갔다가
최 과부 만난 박 영감
"혼자 드시게예?"
"두부는 둘이 먹어야 맛나지~"
그날 두부보다 더 말랑한 무언가 시작됨

바둑 한 판

바둑판 앞에 앉은 박 영감과 김 과부
"이 판은 진짜 거는 거 없제?"
"이기면 밥 한 끼, 지면 라면 끓여줘예"
박 영감, 일부러 져주고 말았다
라면 끓인 건 결국 둘이 먹었지 뭐

장터 데이트

5일장 구경 나온 최 과부
박 영감 따라다니며
"이건 어때요?" "그건 비싸요"
"그럼 당신은 얼마예요?"
과부, 콧방귀 뀌고 대꾸하길
"나는 깎을 수 없는 물건이라예~"

장롱 속 사진

박 영감, 장롱 속 옛날 사진 꺼내다
"이때가 좋았지…"
최 과부 뒤에서 보고 말하길
"그 옆에 있는 여자 누꼬?"
박 영감, 놀라서 사진 뒤집고
"이제부터는 니만 찍을 끼다!"

배달 음식의 유혹

요즘 배달 자주 시키는 김 과부
박 영감, 괜히 궁금해
"맨날 치킨은 누가 같이 먹소?"
"치킨은 나랑, 살은 니랑 나눠 가질래?"

라디오 사연

동네 라디오에서 흐르는 사연
"혼자 사는 게 적적하네요, 이웃 최 씨는 잘 지내시나…"
최 과부, 얼굴 빨개져서 말하길
"박 영감, 글씨체가 왜 이렇게 또렷한데?"

슬리퍼 한 짝

복지관 앞 슬리퍼 한 짝
누가 짝 찾아 줄까
과부 김 씨 슬쩍 말하길
"짝 없는 건 나도 마찬가지라예~"
박 영감, 슬리퍼 옆에 앉았다
"그럼 둘이 한 짝 해볼끼요?"

보일러 고장 난 밤

겨울밤, 보일러 고장 난 과부네 집
박 영감, 수리공인 척
"내가 몸으로 따뜻하게 해줄까예?"
과부 말하길
"그럼 니 보일러부터 점검하고 와라"

궁합 봐 주는 스님

절에 궁합 보러 간 박 영감과 김 과부
스님 말하길
"상극이지만, 같이 있으면 덜 외롭소"
김 과부, 박 영감 손 꼭 잡고
"그럼 싸우면서 살아봅시다!"

처음 만난 그날 밤
눈빛은 벌써 취했는데
손끝 하나 못 잡고
떨리는 콜라만 다섯 캔째

복숭아 뒤태

헬스장에서 마주친 그녀
레깅스가 법이면 난 무기징역
나도 모르게 기도했다
"신이시여, 그녀가 나를 보게 하소서…"

빨래를 걷다가

속옷 널다가 한숨 쉰다
이 옷 입고 누가 벗겨주긴 할까
빨랫줄엔 팬티만 살랑이고
내 연애는 어디에…

고백의 타이밍

100일째 카톡만 했네
이젠 나도 좀 말할게
"오늘 너 꿈꿨어"
"무슨 꿈?"
"너랑 같이 자는 꿈"

소개팅

소개팅에서 잘생긴 얼굴보다
더 중요한 건
계산대 앞에서 말없이
카드를 꺼내는 손목

로션 바르기

샤워 후 로션을 바를 때
등은 왜 이리 넓은가
누가 좀 대신 발라줬으면
그 손이 남자였으면…

혼자 먹는 라면

야식 라면, 두 개 끓였다
괜히 하나 남겼다
혹시 누가 올까 해서…
결국 내가 다 먹었다

엘튼정의 해학과 詩 ●

땀나는 연애

여름밤, 연애는 스킨십의 계절
그녀는 선풍기 바람만 사랑했다
내 손길보다 강력하단다
3단 바람, 질투 난다

넷플릭스 앤 챗

"우리 영화 볼까?"
그 말에 설렜다
근데 진짜 영화만 봤다
그게 더 야했다

딸기 우유

편의점에서 딸기 우유 고를 때
옆에서 고른 그녀의 손
괜히 같이 계산할까 했지만
그녀는 남친과 나갔다

자기 전 생각

오늘도 괜히 침대에 누워
누가 옆에 있었으면…
이불 끌어안고
"어차피 너도 배신할 거잖아"

샤워의 의미

샤워기 틀 때마다
누가 같이 있었으면 한다
하지만 수증기 속엔
내 그림자만 자욱하다

야한 상상

퇴근길 음악 속
가사가 너무 야해
그걸 들으며 웃는 나
아무도 모른다, 내 머릿속은 불타는 중

나이트의 교훈

친구 따라 간 클럽에서
춤보다 많은 건 정색이었다
"야, 누나야"
"아… 실례했습니다"

모텔 앞에서

"어디 가?"
"집에…"
그녀는 돌아섰고
나는 혼자 모텔 간판을 바라봤다

밀당의 기술

카톡 답장 1분 늦게 보냈더니
3시간 동안 씹힌다
밀당은 전쟁이고
난 이미 전사

썸 끝

'우리 무슨 사이야?'
묻는 순간
그는 로그아웃했다
연애는 로그인이 없다

편의점 러브스토리

새벽 2시, 맥주 사러 갔더니
그녀도 있었다
같이 마실까 했지만
그녀는 컵라면을 들고
남친과 웃고 있었다

소개팅 후

그녀는 말했다
"좋은 오빠 같아요"
좋은 사람은 많다
애인은 없다

야한 꿈

꿈에서 그녀가 내 위에
깨고 보니 고양이였다
내 인생, 이불 밖은 위험하고
이불 속도 외롭다

카사노바의 월중 행사표

1일 친구 소개로 순자와 첫 만남을 갖기로 했다
　　무조건 이쁘다고 추켜세워야지 뭐
2일 경숙이가 우울하다고
　　술 먹으면서 날밤 까기 하잔다
　　날밤 까묵다 내도 까묵어야 할 낀데
3일 미경이랑 점심 약속 했는데 저녁까지
　　물고 늘어진 다음 밤일을 도모해야지
4일 희진이네 집에 가서 못 박는 거 도와주기로
　　했는데 저녁 얻어묵으면서 술 한잔
　　달라 캐서 마신 다음 취한 척
　　개기면서 자고 와야지 뭐
5일 숙자랑 원 나잇 하기로 했는데
　　상황 봐서 투 나잇으로 연장해야지 뭐
6일 유진이랑 낮술 먹기로 했는데
　　낮술은 에미 애비도
　　못 알아본다니까 무슨 짓을 해도
　　용서해 주겠지 뭐
7일 영자네 집에 초대받았음
　　꽃 사 들고 가서 앵겨주고
　　술 처묵고 무조건 곯아떨어지자

엘튼정의 해학과 詩

8일 은숙이 생일잔치에 초대받음
  일단 진짜 같은 가짜 다이아 반지
  사다주고 환심을 사자
9일 지연이가 백화점으로 쇼핑 가자는데
  잘못하면 바가지 옴팡 쓸 거 같아서
  동대문시장으로 가자고 꼬셔야쥥
10일 윤자랑 노래방 가기로 했는데
  가서 노래 잘한다고 부추기면서
  나는 취한 척 윤자 끌어안고
  비벼대야지
11일 경애랑 드디어 모텔 가기로 했다
  다른 애들이랑 못 해본 체위 다 해봐야쥥
12일 희숙이 처음 만나는 날
  일단 술을 잔뜩 퍼먹인 다음
  원 나잇을 시도해 보자
13일 유라랑 저녁 약속 있음
  얘는 분위기 드럽게 좋아하니까
  와인바로 데꼬 가서
  분위기에 확 취하게 만들자
14일 진숙이한테 사랑한다고 고백하기

　　　　씨가 먹혀야 할 텐데…
15일 미숙이랑 헤어지기
　　　　일단 내가 불치병에 걸려서
　　　　3개월밖에 못 산다고 해야지 뭐
　　　　속아 넘어가야 할 낀데
16일 주일은 쉼
17일 애숙이랑 드라이브하기로 함
　　　　차에서 모모 할라 카모 뭘
　　　　준비해야 하지?
18일 선옥이랑 드디어! 드디어!
　　　　알몸으로 비벼댈 찬스가 왔다
　　　　오늘은 꼬옥 먹어도 되는
　　　　코코넛오일을 준비하자
19일 경미한테 고백하기로 한 날이다
　　　　미친 척하고 무릎 꿇고
　　　　몰래 안약 넣고 감동의 눈물을
　　　　흘려야쥥
20일 지연이랑 차박 하기로 함
　　　　차에서 첫날밤을 보내다니
　　　　벌써부터 흥분된다

엘튼정의 해학과 詩 ●

21일 윤희랑 심야 영화 보기로 함
　　다음 순서를 모텔로 할까
　　윤희네 집으로 할까 고민되네
22일 옥자가 첫 키스를 허락한 날
　　밥에도 반찬이 있고 술에도
　　안주가 있는데
　　키스만 가지고 되겠나
23일 지숙이가 엄마 아빠가 제주도 여행
　　가셨다고 저녁에 즈그 집으로 오라 카네
　　잠옷을 가져갈까 말까
24일 봉선이가 저녁에 술 사 달라 카네
　　저번에는 실패했지만 오늘은
　　독주를 퍼 멕여서 꼬옥 떡실신시켜야지
25일 지선이가 저녁에 동네 으슥한 폐가에서
　　만나자고 연락이 왔다
　　비아는 챙겼는데
　　바닥에 깔 이불을 가져가야 되나
　　어떻게 해야 하지?
26일 지수하고 밤낚시 가기로 함
　　고기는 안 낚여도 좋은데

　　　　니는 꼬옥 내한테 낚여야 한다
　　　　알그쩨
27일 주희가 봉사활동을 가자고 한다
　　　　밤에는 니한테 봉사할 수 있게
　　　　해도라 쫌~
28일 희선이가 오늘 화가 억수로 난다고
　　　　술이 떡이 돼가꼬 만나자고
　　　　전화가 왔다
　　　　옛말에 홧김에 서방질한다 캤으니
　　　　지가 알아서 쳐들어오겠지 뭐
29일 선자가 즈그 집에 와서
　　　　자고 가라는데 휴일도 없이
　　　　일하다 보니 힘들어서 못 갔다
　　　　아깝다~
　　　　이러다 과로로 복상사하면
　　　　산재보험 탈 수 있을라나…
30일 다음 달을 위하여 휴식하자

새색시 모집 공고

　나이 아직도 백 살이 안 된 여자
　키 하늘보다 낮은 여자
　몸무게 몸도 마음도 가벼운 여자
　학력 학교를 쳐다본 적 있는 여자
　눈 두 눈 시퍼렇게 뜨고 있는 여자
　코 콧구멍에 바람 든 여자
　입 입이 억수로 싼 여자
　귀 귀신 씨나락 까먹는 소리 잘 하는 여자
　손 여기저기 손 볼 때가 많은 여자
　발 발랑 까진 여자
　재산 불알 두 쪽도 없는 여자
　미모 국가에서 인정하고 주민등록에 여자로 등재해 준 치마 입어본 적 있는 아줌마

　연애 유경험자는 우대하며
　한 남자로 만족하지 못하는 여자는
　특별히 더 우대함

　위와 같이 아름다운 미모와 자격을 갖추신 분은 우리 집으로 퍼뜩 오라카이

첫사랑의 장례식

쌀쌀한 초겨울 어느 날
내 그래 못 잊어 하던 첫사랑이
하늘나라로 이민을 갔다꼬
부고장이 온기라

내 부랴부랴 서둘러
장례식장에 가가꼬는
첫사랑 영전에 술 한 잔 따라주고
향불 피워주며
대성통곡 하면서 실컷 울고 나서
상주와 맞절을 할라꼬 마주 보는 순간
뒤로 나자빠질 뻔했능기라

아들과 딸이 내하고 똑같이 생겼능기라

그래 내 직감을 하고
첫사랑 남편에게 다가가
가족끼리 조용히 장례식을 치르고 싶으니 나가달라 캐떠니
그 무신 개 풀 뜯어 처묵는 소리냐 이카능기라

엘튼정의 해학과 詩 ●

그래 내 얼굴과 자식들 얼굴을 함 보소, 판박이 아잉교
캐뜨만
내 보고 안경 찾아 쓰고
다시 보라 이카능기라

그래 내 아까 우느라꼬 향불 옆에 벗어 놓은 안경을 찾아
쓰고 다시 보니
으헉~
즈그들 셋이 판박이네

우짜겐노 삼십육계 줄행랑하는 수밖에…

첫사랑 춘자야
나중에 저승에서 느그 남편이
내 물어보면
무조건 딱 잡아떼야 칸데이
알그쩨~

옥아! 내한테 침 발라노코 어데 간노

옥아!
니 잘 살고 있나~
내 오늘 쐬주 한잔에
니가 억수로 보구 싶데이~
언젠가 동네 뒷산에 가가꼬
이바구하다가
쥐 잡아묵은
입술이 하도 이뻐가꼬
주딩이 박치기 한번 할라 캐뗘이마는
니가 몬 하게 뒤로 떠미는 바람에
내 자빠지믄서
밤송이 위로 굴러가꼬
온몸에 침 맞은 생각이 난데이
그래가 니 미안한 마음에
내 이마에다
꼬치장 묻은 침 바르고
도망가던 뒷모습이
겁나게 이뻐따 아이가
만난 지 반년 만에 겨우
포옹 한번 할라꼬

엘튼정의 해학과 詩 ●

니 목덜미 잡았는데

목에서 때 밀리드라

문디 가스나야

목욕 쫌 하구 댕기라

그래도 보구 싶떼이~

쌀쌀한 이 겨울밤

흰 눈 내리는 소리와 함께

니 소식 좀 전해도라~

손만 잡게 해돌라꼬 애원하던 옵빠야

내 손만 잡꼬
갤혼할 때까지
안 잡아묵께따꼬

순결을 지켜주게따꼬
그래 철석같이
약속해 노코

니 그 약속 와 지키는데
이 문디 옵빠야~

따른 옵빠야들은
그 약속 다 깨불고

잡아묵어가 갤혼들
해껀만

옵빠야는 와 그 약속
지켜뿌가 낼로
노처녀 맹기러 노코

엘튼정의 해학과 詩 ●

어데로 간나
문디 머스마야~

내 옵빠야 기다리다가
머리에 서리 내려가

백 년은커녕
1초 해로도 몬 하고
파뿌리 돼따 아이가~

첫눈 내리는 날 밤에
야시시하게
치장하고 있을끼라예~

그라이 옵빠야
나타나가꼬

그 약속
제발 좀 깨도라
이 문디 옵빠야~

행방불명된 마누라

아침에 일어나니
모닝커피가 나를 기다린다

한 모금 마시고 나서
마누라를 불렀더니 대답이 없다
여기저기 두리번거리며
집 안 구석구석 찾아다니다
가만 생각해 보니

아참!
내 장가 안 갔지
치매가 더 심해지기 전에 가야 할 낀데…